OCCITANIA
Troy ex

LA POMPE FVNEBRE

FAITE A L'HONNEVR

DE TRES-HAVTE TRES-EXCELLENTE

ET

TRES-PUISSANTE PRINCESSE

MARIE THERESE D'AVSTRICHE,

INFANTE D'ESPAGNE,

REINE DE FRANCE ET DE NAVARRE,

Dans l'Eglise de Nôtre-Dame des Tables
de la Ville de Montpelier,

PAR ORDRE

Des Estats Generaux de la Province de Languedoc,

Le 25. Octobre 1683.

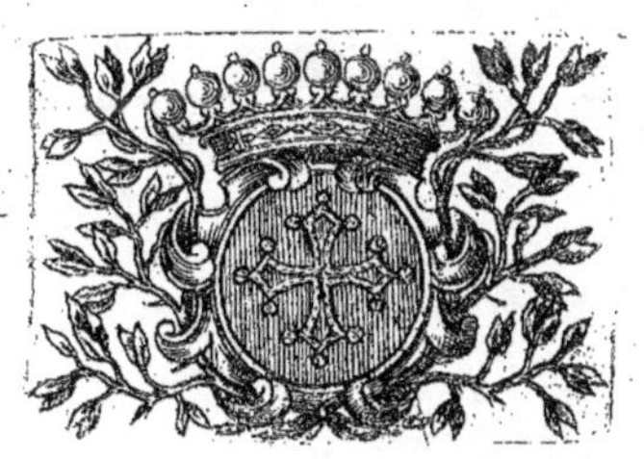

A MONTPELIER,
Par Iean Boude, Imprimeur des Estats, & Daniel Pech, son Associé.

LA POMPE FVNEBRE
FAITE

A L'HONNEVR DE TRES-HAVTE,
Trés-Excellente & Trés-Puiſſante Princeſſe Marie
Thereſe d'Auſtriche, Infante d'Eſpagne, Reine de Fran-
ce & de Navarre, dans l'Egliſe de Nôtre-Dame des
Tables de la Ville de Montpelier, par ordre des Eſtats
Generaux de la Province de Languedoc.

Le 25. Octobre 1683.

ES Eſtats de Languedoc n'étant pas encore Aſſemblés lorſque la funeſte nouvelle de la mort de la Reine arriva dans cette Province, tous les Prélats firent, & Ordonnerent des Services Solemnels dans toutes les Egliſes de leurs Dioceſes. Et SA MAIESTE' les ayant enſuite convoquez à la fin du mois de

Septembre ; Dés que l'Assemblée fut formée, Elle délibéra sur la proposition, qui en fut faite par M. le Cardinal de Bonsi, de rendre les derniers Devoirs à cette Grande Reine. Et il fut resolu qu'on fairoit un Service, dont la Magnificence répondît au rang de cette Auguste Princesse, & qui marquât le Zele, qu'avoit cette Province, d'honnorer sa memoire.

S. E. donna tous les Ordres necessaires. Et ils furent si bien executés par les soins de M. Pujol, Secretaire & Greffier du Roy, & Agent de la Province, que toutes choses furent disposées, & mises en place le 24. d'Octobre.

La Ceremonie fut faite le Samedi vingt-cinquiéme, dans l'Eglise de Nôtre-Dame. Et tous ceux qui y assisterent, parurent si satisfaits, qu'on a crû que le public seroit bien aise d'en aprendre le détail.

On voyoit d'abord la porte de l'Eglise tendüe de noir, avec trois bandes de Velours, semées de Fleurs-de-Lis d'or & de Larmes d'argent ; chargées d'Ecussons aux Armes & Chifres de la Reine.

Il y avoit au-dessus un grand Tableau de bas relief avec des bordures d'or, representant une Femme desolée, couronnée de Villes & de Châteaux, qui avoit

soûs

foûs ſes piez un cartouche aux Armes de Langue-
doc , avec cette inſcription en lettre d'or.
OCCITANIA.
On avoit mis au bas du Tableau ces deux vers de
Virgile.
ME MISERAM ! VENIT ILLE DIES , QVEM SEMPER ACERBVM,

SEMPER HONORATVM. SVPERI VOLVISTIS , HABEBO.

Malheureuſe ! voicy ce jour infortuné

Qu'à de pleurs eternels le Ciel m'a deſtiné.

Au deſſus du Tableau étoit une deviſe , dont le
corps étoit un chien, qui grate & qui aboie au tour
d'un tombeau, avec cette ame.
TESTATUR AMOREM.
Tous ces tendres efforts temoignent ſon amour.

Elle marquoit la douleur de la Province , & ſer-
voit comme d'inſcription à tout l'apareil.

Dans le fonds de l'Egliſe on avoit dreſſé une eſtrade, qui occupoit la troiſiéme partie de la Nef. Elle
étoit élevée de ſix degrez, couverte d'un tapis de pié
noir,& fermée d'une baluſtrade coupée d'eſpace en eſpace par des piedeſtaux , ſoûtenant des Vrnes.

Les piedeſtaux & la Baluſtrade étoient feints
de marbre, avec des ornemens d'or. Et les Vrnes
étoient enrichies de feuilles d'Acanthe & de Fe-
ſtons d'or ſur un fond blanc.

Vn Mauſolée s'élevoit du milieu de l'eſtrade ſur trois
degrez. Il étoit feint de marbre, d'ordre Corinthien,
& de figure ronde ; ſoûtenu par huit colomnes d'A-
B

zur fleurdelifées d'or, ayant leurs bafes & leurs chapiteaux d'or. Elles s'apuioient fur un Zocle orné
de Couronnes, de Sceptres, de Feftons & de Té-
tes de Mort avec des Offemens. Tous les ornemens
de l'Entablement étoient rehauffez d'or. La Frife
étoit chargée de Couronnes, de Sceptres & de
Fleurs - de - Lis. Il y avoit auffi fur la corniche de
grandes Fleurs - de - Lis d'or à quatre faces, aux endroits ou répondoient les colomnes.

Sur ce Maufolée il y avoit un Attique de méme
figure, d'ordre compofite ; apuié par quatre Confoles, & ouvert en quatre portes magnifiques. Du
milieu de leurs ceintres pendoient des Feftons, qui
étoient ratachez aux côtez, & décendoient jufques
aux impoftes. Dans châcune des portes on voyoit
un piedeftal foûtenant une Vrne, avec une Couronne au deffus, & des Sceptres au deffous ; le tout
couvert d'un manteau Royal. L'or brilloit dans tous
les ornemens de l'Attique. Et il étoit couvert d'une
grande Couronne d'or fermée, enrichie de pierres pre-
cieufes. Vn Ange paroiffoit au deffus, porté fur une
nuë, tenant en fes mains le portrait de la Reine, &
il fembloit prendre l'effor pour s'envoler au Ciel.

Le plafond du Maufolée étoit d'un Damas bleu,
femé de Fleurs - de - Lis d'or, avec les Armes de la
Reine en broderie au milieu, & fes Chifres aux quatre coins, & fur les pentes, qui étoient bordées d'u-
ne crépine d'or.

Dans le Maufolée on avoit mis un cercueil feint de marbre, dont la face, qui regardoit l'Autel, étoit d'un marbre noir, avec cette infcription en lettre d'or.

MARIÆ THERESIÆ AVSTRIACÆ

REGINÆ CHRISTIANISSIMÆ

AVGVSTISSIMÆ PIISSIMÆ

OPTIMÆ.

LVGENS OCCITANIA POSUIT.

A LA MEMOIRE

DE MARIE THERESE D'AVSTRICHE

REINE DE FRANCE ET DE NAVARRE,

TRES-ILLVSTRE

PAR LA GRANDEVR DE SA NAISSANCE,

SA PIETE' ENVERS DIEV,

ET SA BONTE' ENVERS SES SVIETS.

LA PROVINCE DE LANGVEDOC EN DVEIL

A ERIGE' CE MAVSOLE'E.

Le Cercueil étoit couvert d'un drap de Velours noir, fleurdelifé d'or, & bordé d'Hermines, avec les Armes de France & d'Efpagne accollées, & relevées en broderie. Il y avoit fur la tête du cercueil un carreau de Velours noir , avec des galons d'or & des Houpés de méme , fur lequel on avoit mis une Couronne & un Sceptre d'or , couverts d'un crépe.

L'eftrade étoit bordée fur les aifles & fur le fonds par un ordre Dorique , feint de marbre. Les bafes & les chapiteaux des Pilaftres étoient d'or , de méme que leurs autres ornemens , & ceux de tout l'ordre. Dans les Metopes on avoit mis des Chifres de la Reine, des Couronnes & de Sceptres , entourez de Palmes. Sur la corniche s'élevoient des Frontons , & leur vuide étoit rempli par des Vrnes.

Vne Perfpective terminoit le fonds de l'eftrade. Et tout l'ouvrage étoit renfermé par un retour , qui faifoit trois faces , avec un Pilaftre fur châcune.

Les efpaces d'entre les Pilaftres étoient remplis de fix grands Tableaux , & il y en avoit un feptiéme au milieu de la Perfpective. Ils étoient de bas relief d'or & de bronze , reprefentant les fept œuvres de Mifericorde , qui ont été les ocupations ordinaires de la Reine pendant fa vie.

Ils avoient des bordures d'or foûtenües par des cordons de foye rouge , attachez à des Confoles , ornées de méme que les bordures. Châcun avoit fa devife au deffus. Et au bas il y avoit un piedeftail en façon de carrouche , chargé du chifre de la Reine , & orné de Feftons & d'une Téte de Mort avec des Offemens.

Le premier reprefentoit une Reine , qui faifoit donner à manger à des pauvres , avec ces mots tirez

de l'Ecriture Sainte, aussi bien, que les inscriptions
des autres Tableaux.

PASCIT ESURIENTES.

Au dessus on avoit peint une Aigle, qui portoit
à manger à ses petits.

DEPULSURA FAMEM.

Vn secours asseuré pour la faim, qui les presse.

On voyoit dans le second une Reine, qui faisoit
donner à boire à des pauvres. Avec cette inscription.

DAT POTUM SITIENTIBUS.

La devise étoit le Fleuve du Nil, arrosant l'Egypte.
Ces paroles luy servoient d'Ame.

ARENTES RECREAT.

Soulageant à propos l'ardeur, qui les brûloit.

Dans le troisiéme Tableau paroissoit une Reine,
exerçant l'hospitalité.

SUSCIPIT HOSPITIO PEREGRINOS.

Pour devise, un Vaisseau voguant en pleine Mer,
sur lequel plusieurs Hirondelles viennent se reposer.

PERFVGIVM MISERIS.

Vn azi'e asseuré pour leurs troupes errantes.

Dans le quatriéme une Reine, qui fait distribuër
des habits à des pauvres.

OPERIT NVDOS.

La devise étoit une Brebis dépouillée de sa toison.

EXVOR VT INDVAM.

Iusqu'à se dépouiller pour revêtir les autres.

C

Le cinquiéme étoit une Reine, qui visite les Malades.

AD INFIRMOS VENIT.

Et au dessus le Serpent d'Airain.

ÆGRIS PLENA SALVS.

Son salutaire aspect guerissoit les Malades.
On avoit peint dans le sixiéme une Reine, qui visite les Prisonniers.

VENIT AD CARCERES.

Et pour devise, l'Arche de Noé avec la Colombe, portant un rameau d'Olivier en son bec.

AFFERT CVM PACE SALVTEM,

Elle porte la paix avec la liberté.
Enfin dans le septiéme on voyoit une Reine, qui faisoit ensevelir des Morts.

SEPELIT MORTVOS.

Pour devise, vne petite chienne, qui creuse la terre avec ses piez, pour enterrer un de ses petits.

INNATA PIETATE.

Sa tendresse paroît jusques aprés leur mort.
Tout le reste de l'Eglise étoit tendu de noir depuis la naissance des voutes. La bordure d'en haut n'étoit qu'une rangée d'Ecussons aux Armes & Chifres de la Reine. Soûs les Galeries il y avoit trois bandes de Velours noir, semées de Fleurs - de - Lis d'or & de

larmes d'argent. Et deux Frifes regnoient des deux côtez de l'Eglife, entre les bandes de Velours. Elles étoient chargées des Armes de France & d'Efpagne acolées foûs un Pavillon Royal, des Chifres de la Reine, & de plufieurs devifes. Leurs Cartouches étoient furmontés par des Feftons, qui avoient au dedans une Tête de Mort, avec des aifles de Chauves-Souris, & une Vrne au deffus.

Par ces devifes on a voulu faire remarquer les principales vertus de la Reine, & les plus grands avantages, qu'Elle a receu de la nature & de la grace.

La premiere fait voir que de toutes les Princeffes de la terre, il ny avoit qu'Elle feule, qui fût digne du Roy.

C'étoit un Aigle volant, & regardant fixement un Soleil. Avec ces paroles.

OTRA NO LO PVDIERA.

Null'autre ne pouvoit y porter fes regards.

Pour exprimer que peu de temps aprés fon Mariage Elle nous donna un nouveau gage de la Paix, par la naiffance de Monfeigneur le Dauphin.

Vn Alcyon flottant fur la Mer avec fes petits. L'ame étoit. HOC FIRMAT PIGNORE PACEM.

Ce gage precieux nous affeure la Paix.

Pour marquer qu'en nous donnant M. le Dauphin Elle a affeuré le bon-heur de la France.

Vne nuë, qui percée par les rayons du Soleil, fe refoût en pluye.

FECIT FOECVNDA BEATOS.

C'eſt ſa fecondité, qui fait nôtre bon-heur.

Pour exprimer l'amour, & la tendreſſe qu'Elle avoit le pour Roy.

Vn Miroir ardent expoſé au Soleil.

ARDET AB HOC VNO.

C'eſt le ſeul, qui pouvoit allumer tous ſes feux.

Pour faire connoître la deference que le Roy avoit pour ſes ſentimens, & que ſouvent ſe rendant à ſes prieres, il n'a pas voulu pouſſer plus avant ſes Victoires ſur les Eſpagnols.

Vn Fleuve rapide, qu'une digue détourne & empéche d'inonder une vaſte campagne.

IAM CVNCTA TENERET,

Il inonderoit tout s'il n'étoit arreſté.

Pour dire que la volonté du Roy étoit la regle de ſa conduite.

Vne Montre ſolaire, avec un Soleil.

DIRIGIT VNVS.

Elle ne ſe conduit que par ſes mouvemens.

Et pour marquer en general les graces que le Ciel luy avoit fait, & les vertus dont il l'avoit enrichie.

Vne Nacre ouverte avec des Perles dedans.

COELESTI MVNERE DIVES.

Elle a mille beautez, dont le Ciel l'enrichit.

Mais

Mais pour exprimer ſes principales vertus en détail, & commencer par la plus eminente, qui étoit
ſon amour envers Dieu.

Vn cierge, qui brûle. Avec cette Ame.

QVEM PASCO, DEPASCITVR ME.

Ce feu, que j'entretiens, me conſume luy même.
Pour faire entendre que ſon cœur brûlant de cette
divine ardeur, étoit toûjours élevé à Dieu par l'O-
raiſon.

De l'Encens jetté ſur du feu, dont la fumée s'é-
leve vers le Ciel.

QVEMA, Y SVBE.

Il brûle, & cette ardeur l'eleve juſqu'à Dieu.
Son detâchement du monde.
Vn Oiſeau de Paradis.

NON TERRENA SAPIT.

La terre ne ſçauroit l'arreſter ni luy plaire.
Son humilité.
Vn arbre chargé d'une grande quantité de fruit,
qui s'abaiſſe juſqu'à terre.

DE SV VIRTVD SV ABAXAMIENTO.

Le poids de ſa vertu fait ſon abaiſſement.
Sa candeur.
La voie de lait. Avec cét hemiſtiche d'Ovide.

CANDORE NOTABILIS IPSO.

D

Sa candeur la diſtingue, & la fait mieux connoître.

Sa fermeté dans la veritable pieté, & qu'Elle y afer-
miſſoit les autres par ſon exemple.

Vne Ancre.

ET FIRMÁ, ET FIRMAT.

Elle eſt ferme elle même, & fait nôtre aſſeurance.

Pour dire que l'exemple qu'Elle nous donnoit
ſuffiſoit pour nous conduire , & dans la vie civile,
& dans la vie Chrétienne.

Vne Bouſſole.

MONTRAT ITERQVE, POLVMQVE.

Elle guide nos pas, & nous monſtre le Ciel.

Que par le ſacrifice , qu'Elle faiſoit continuelle-
ment à Dieu de ſon cœur, Elle a atiré mille bene-
dictions du Ciel ſur la France.

Vne pluye , que le Ciel fait décendre ſur une
Victime immolée , comme il le fit autre-fois ſur le
Sacrifice du Prophete Elie.

PORQVE ES APAZIGVADO.

Elle apaiſe le Ciel, il nous verſe ſes graces.

Sa grande charité envers les pauvres.

Vne grande Fontaine, qui reçoit les eaux par un
large canal, & qui les répend enſuite par pluſieurs
tuiaux.

DA, QVANTO RECIBE,

Tout ce qu'elle reçoit c'eſt pour le redonner.

Pour faire entendre qu'Elle a confervé la pureté de fon Ame, au milieu des plaifirs du monde.

Vn grand Fleuve, qui traverfe les eaux croupiffan-tes d'un Lac, fans y méler les fiennes. Comme fait le Tygre, qui traverfe les lacs d'Arethufe & de Tesbite, fans y méler fes eaux.

NON MISCETVR.

Sa pureté n'a pû fouffrir aucun mélange.
Qu'Elle a triomphé de toutes les Paffions.
Vn Rocher au milieu des flots agitez.

FRANGVNTVR, NON FRANGVNT.

Bien loin de l'ébranler, ils fe brifent eux mémes.
Pour dire que dans toutes fes actions Elle a toû-jours eu devant fes yeux Dieu & le Roy.
Vne Lune. Avec ces paroles.

SIEMPRE MIRA EL SOL, Y EL CIELO.

Ie regarde toûjours le Soleil & le Ciel.
Pour exprimer qu'une vie fi precieufe, a eû bien peu de durée.
Vne Rofe fletrie, dans un parterre de Lis.

EHEV QVAM BREVIS ÆVI!

Helas tant de beautez ont bien peu de durée!
Qu'en quitant le monde, Elle n'a fait que fe fe-parer du Roy, pour aller à Dieu.

D ij

Vne Hirondelle, qui va chercher un païs plus chaud.
Avec ce vers d'Horace.

MVTAT TERRAS ALIO SOLE CALENTES.
Elle quite ces lieux , & par un fort plus beau
Soûs un autre climat trouve un Soleil nouveau.

Que la mort seule a rompu la douce union, qui étoit entre le Roy & la Reine.
Vne Lune, éclipsée.

COMMERCIA TELLVS ABSTVLIT.
La terre seule a pû rompre leur doux commerce.

Que la mort ne nous l'a ravie, que pour la faire briller dans la gloire.
Vne Lune, qui s'abaisse soûs l'Horison.

DISAPARECE, MAS RELVCE EN EL CIELO.

Elle disparoit à nos yeux,
Mais Elle brille dans les Cieux.

Que par ses bonnes œuvres, Elle a merité une seconde vie plus heureuse que la premiere.
Vn Phenix renaissant. Avec ces paroles.

POR SVS OBRAS.
I'ay tant fait par mes soins , que ma mort est suivie
D'une plus belle vie.

Que la gloire, dont Elle jouit, ne finira jamais.
Vne Lampe inextinguible.

E SARA COSI SEMPRE.
Son éclat merveilleux ne finira jamais.

Enfin

Enfin pour exprimer qu'aprés nous avoir fait tant
de biens, Elle eſt aujourd'hui le ſujet des nos larmes.
Vne vigne taillée, qui pleure.

HINC FRVCTVS OLIM, NVNC LACHRYMÆ.

Nous en eûme des fruits, il nous en vient des larmes.

Tout le Rétable étoit tendu de noir juſques à
la voute, & on l'avoit richement orné. Les colomnes des deux ordres d'Architecture, qui y ſont
l'un ſur l'autre, étoient couvertes de Velours noir,
ſemé de Fleurs-de-Lis d'or & de larmes d'argent,
de méme que les entablemens & les piedeſtaux.

On avoit couvert le Tableau de l'Autel d'un drap
de velours noir, ſemé de larmes d'argent & de Fleurs-
de-Lis d'or; croiſé d'une Moire d'argent, chargée de
cartouches aux Armes & aux Chifres de la Reine,
cantonnée de méme.

Le devant d'Autel étoit auſſi d'un velours noir
avec des galons & de crepines d'or & d'argent, &
une Croix de Moire d'argent ſur ſon milieu. Les
degrez du deſſus de l'Autel, les Credences, & le
Pupitre avoient de ſemblables ornemens.

Ces ornemens étoient accompagnez des Armes de
France & d'Eſpagne accolées ſoûs un Pavillon Royal,
couvert & ſoûtenu par des Anges. On les avoit placées au deſſus du Tableau de l'Autel, & entre les colomnes des deux ordres. Sur les corniches des por-

E

tes de la Sacriſtie , des piedeſtaux ſoûtenoient des
Vrnes , couvertes châcune par une Couronne d'or,
ſoûs un Manteau Royal.

Du côté de l'Evangile s'élevoit un Trône magni-
fique ſur une eſtrade, couverte d'un tapis de pied noir.
Le Dais , avec ſes pentes , étoit d'un Velours noir,
ſemé de larmes d'argent & de Fleurs - de - Lis d'or.
Les Armes & Chifres de la Reine, en broderie d'or pa-
roiſſoient ſur les pentes , & au milieu du Dais. Les
Sieges preparez pour le Celebrant , & pour les
Aſſiſtans , étoient galonez & frangez d'or & d'argent.

La Chaîre du Predicateur étoit ornée de même
que le Trône , avec une Croix de Moire d'argent ſur
le devant. Et tous les Sieges des Eſtats étoient couverts de drap noir.

L'Egliſe étoit éclairée de plus de deux mil cierges. Vingt - quatre Conſoles, ſortant des frontons,
qui regnoient tout au tour , ſoûtenoient autant de
luſtres. Sur les frontons on voyoit un pareil nombre
de piramides de lumiere , dont la pointe étoit ter-
minée par des Vrnes, qui jettoient des flammes & des
parfums. Deux cens bras d'argent , portant de gros
cierges, diſpoſez en quatre rangs , finiſſoient cette
illumination de la nef, & du chœur de l'Egliſe.

Vn ſi grand nombre de cierges brilloient ſur la
grande Couronne du Mauſolée & au tour de l'Atti-

que, que leur feu joint à celui du Damas cramoisi, dont il étoit tendu au dedans, faisoient une Couronne de lumiere.

Les huit grandes Fleurs - de - Lis du dessus du Mausolée, toutes couvertes de cierges ; Huit lustres, qui pendoient entre ses colomnes ; Vingt - quatre chandeliers d'argent à l'entour du cercueil ; Et les trois degrez, sur lesquels le Mausolée étoit élevé, couverts de cierges, le rendoient si lumineux, qu'à peine les yeux en pouvoient soûtenir l'éclat.

Sur les douze frontons de l'ordre Dorique, qui bornoit l'estrade, il y avoit autant de piramides de lumiere, semblables à celles, qui étoient autour de l'Eglise ; avec cette difference que les Vrnes n'en terminoient pas les pointes. On les avoit placées dans les espaces, qui étoient entre les frontons. Et les douze Consoles, qui en sortoient, y soûtenoient un pareil nombre de lustres.

Il y en avoit six devant l'Autel, qui tenoient lieu de Lampes. Des bras d'argent placez en differens endroits du Rétable ; Et tout l'Autel couvert de chandeliers d'argent avec des gros cierges, y faisoient une illumination, qui répondoit à celle du reste de l'Eglise, dont les fenestres tenduës de noir rendoient le lieu & plus lugubre, & plus éclatant.

Le dessein des Illuminations, des Devises, & des Tableaux des œuvres de Misericorde, étoit de repre-

E ij

senter les vertus de la Reine, & de donner une idée de la gloire, dont elle jouit.

Tout étant ainsi disposé dans ce lieu destiné pour la Ceremonie ; le Convoi, qui s'étoit assemblé dans la Chapelle des Penitens Blancs, en partit à neuf-heures du matin ; & prenant sa marche par les Rües de la Sonnerie & de l'Argenterie, se rendit à l'Eglise au son de toutes les cloches de la Ville, qui n'avoit point discontinué de sonner depuis les six heures du soir precedent.

Les Compagnies des Sixains de la Ville étoient rangées en haye le long des Rües par ou passa le Convoy ; les bouts des Mousquets & les fers des Piques en bas, les Drapeaux pliez & couverts de crépes, aussi bien que les Tambours. Les Officiers des Sixains étoient vestus de noir. Et les Soldats portoient des Echarpes & des cordons de crépe.

Quatre Crieurs marchoient à la tête du Convoi, vestus de Robes noires, semées de larmes d'argent; tenant des clochettes, dont ils sonnoient de temps en temps ; & portant devant & derriere des Escussons aux Armes de la Reine.

Ils étoient suivis des Halebardiers des Consuls, qui portoient leurs Halebardes la pointe en bas. Et des Massiers avec leurs Masses couvertes de crépe. Le Capitaine du Guet à la queüe.

Aprés

Venoient enſuite deux cents pauvres de l'Hôpital general, vétus de robes de drap gris, avec les Armoiries
de la Reine devant & derriere ; chácun portant un
flambeau de cire blanche de quatre livres, chargé des
mémes Ecuſſons. Les quatre Sœurs Directrices les ſui-
voient, habillées de noir, la téte couverte d'un crépe
trainant. Et puis quatre des Recteurs ou Sindics du
méme Hôpital, vétus de deuil, avec de longs man-
teaux ; tenant des bât ons noirs ſemez de larmes.

Les Archers du Prevôt Dioceſain, portant leurs
Mouſquetons renverſez, marchoient aprés les pauvres. Les Archers de la Prevôté generale; les exempts
à leur téte, & le Prevôt general à la queüe, en manteau trainant. Ils portoient tous des crèpes au cha-
peau, & des écharpes de méme.

Les Gardes de Monſeigneur le Duc du Maine
marchóient enſuite, precedez de leurs Trompetes
ſonnant à la ſourdine ; la Banderole couverte de
crépe ; & les Exempts à la queüe. Tous avec des
écharpes, & des cordons de crépe.

La Confrerie des Penitens Blancs venoit aprés,
au nombre de trois cents. Tous les Ordres Religi-
eux de la Ville, ſelon leur rang. Les Chapitres Col-
legiaux S. Anne, S. Sauveur, & la Trinité. Et le
Chapitre de la Cathedrale S. Pierre.

Les Valets de pié, & les Pages de M le Duc de Noailles marchoient deux à deux. L'Ecuyer à la queüe.

Les Gentils - Hommes de sa maison, en méme ordre.

L'Huissier de M. les Commissaires du Roy aux Estats.

Les deux Aumôniers de M. le Duc de Noailles, le Bonnet carré en téte, & le Rochet couvert de leur manteau long.

Six Barons des Estats portoient le Drap mortuaire. Il étoit de Velours noir, bordé d'Hermines; semé de Fleurs - de - Lis d'or & de larmes d'argent; les Armoiries de la Reine en broderie d'or au milieu; & ses Chifres de méme broderie aux quatre coins.

Ces Barons étoient.

M. le Marquis de Castries.

M. le Marquis de S. Sulpice.

M. le Marquis de Caylus.

M. le Marquis de Rebé.

M. le Comte d'Alzau.

M. le Baron de Lanta.

Aprés suivoient M. les Commissaires Presidens pour le Roy aux Estats, precedez par leur Greffier.

M. Pujol, Greffier de M. les Commissaires du Roy.

Mg.le Duc de Noailles, Commandant en Chef pour Sa Majesté en la Province de Languedoc.

M. le Marquis de Montanegues ; Lieutenant de Roy de la Province, estant de Tour.

M. Dalary, Tresorier de France de Toulouse.

M. du Robin, Tresorier de France de Montpelier.

Mg.le Duc de Noailles portoit une grande robe noire, avec le coqueluchon, qui est la marque du grand deuil. Il marchoit seul. Et la queüe de sa robe étoit portée par trois de ses Gentils-Hommes. Le Capitaine des Gardes étoit un peu à côté de luy, & hors de rang. M. de Montanegues étoit en manteau traînant ; Et M. les Tresoriers de France, en habits de Ceremonie.

Venoit ensuite le Corps des Estats, precedé des six Consuls de la Ville de Montpelier, en robe rouge ; de l'Huissier des Estats ; & d'une partie des Officiers de la Province.

M. de Pennautier, Tresorier de la Bource des Estats.

M. Mariotte, pere & fils, Secretaires des Estats.

M. de Guilleminet, pere & fils, Secretaires des Estats.

M. de Montflorez, Sindic general de la Province.

Les Estats sont composez de trois Ordres ; Dont

le premier , qui eſt l'Egliſe , eſt compoſé de trois Archevéques , & de dix - neuf Evéques , ou de leurs Vicaires Generaux. Ils marchoient , precedez d'un Officier de la Province.

M. Montbel , Sindic general de la Province.

PRELATS.

M. l'Archevéque de Touloufe.

M. l'Archevéque d'Alby.

M. l'Evéque de Commenge.

M. l'Evéque du Puy.

M. l'Evéque de Beziers.

M. l'Evéque de Lodeve.

M. l'Evéque de Montauban.

M. l'Evéque de Mende.

M. l'Evéque de Lavaur.

M. l'Evéque d'Vſez.

M. l'Evéque d'Alet.

M. l'Eevéque de Mirepoix.

M. l'Evéque de Carcaſſone.

M. l'Evéque de Caſtres.

Vicaires

VICAIRES GENERAUX.

M. l'Abbé de Chambonnas, Vic. Gen. de Viviers.

M. l'Abbé de Laugniac, Vic. Gen. de Nifmes.

M. les Prelats étoient en Rochet & Camail. Et les Vicaires Generaux en manteau long, le Bonnet carré en tête.

La Nobleffe, qui fait le fecond Ordre des Eftats, eft compofée d'un Comte, d'un Vicomte, & de vingt Barons, ou de leurs envoyez. Elle étoit precedée par un Officier de la Province.

M. de Ioubert, Sindic General de la Province.

NOBLESSE.

M. le Vicomte de Polignac.

M. le Vicomte de Baune, Baron de Tour du Vivarez.

M. le Comte du Roure.

M. le Marquis de Cauviffon.

M. le Marquis de Villeneuve.

M. le Marquis de Caftelnau.

ENVOYEZ.

M. de Morangiez, envoyé d'Alez.

G

M. de Villars, envoyé de Tour de Gevaudan.

M. de Ganges, envoyé de Ganges.

M. de Laffine, envoyé de Clermont.

M. de S. Cameles, envoyé de Mirepoix.

M. de Grave, envoyé de Rieux.

M. le Chevalier de Merviel, envoyé de Florensac.

M. de la Poumarede, envoyé d'Ambre.

M. Daufrery, envoyé de la Gardiole,

M. de Teyran, envoyé de S. Felix.

Ils étoient tous en manteau trainant.

Le Tiers Estat est composé de soixante-trois Deputez, des principales Villes de Languedoc. Il avoit un Officier de la Province à la tête.

M. deBoyer, Sindic general de la Province.

DEPVTEZ.

M. les Deputez, des Villes & Diocefes.

De Touloufe.

De Montpelier.

De Carcaſſonne.
De Niſmes.
De Narbonne.
Du Puy.
De Beziers.
D'Vſez.
D'Alby.
De Viviers.
De Mende.
De Caſtres.
De S. Pons.
D'Agde.
De Mirepoix.
De Lodeve.
De Lavaur.
De S. Papoul.
D'Alet & Limoux.
De Montauban.
De Rieux.
De Commenge.

Ils étoint tous habillez en grand dueil. M. les Sindics de la Province, en robe de ceremonie. Et M. les autres Officiers, en manteau long.

Enfin quatre Archers de la Prevôté, fermoient cette marche.

Le Convoi étant arrivé à l'Eglise dans cét ordre, S. E. M. le Cardinal de Bonsi, revétu de ses habits Pontificaux, celebra la Messe, assisté des Dignitez du Chapitre S. Pierre

Aprés l'Evangile, M. l'Evéque de S. Papoul prononça l'Oraison Funebre de la Reine, avec une éloquence digne de ce grand sujet, & animée de l'esprit de l'Evangile.

A l'Offertoire, M. le Duc de Noailles fut invité à l'Offrande par le Maistre de Cerémonies. Ce Duc ayant fait la réverence à l'Autel, à la réprésentation, & aux trois ordres des Estats, s'approcha de l'Autel, ou s'étant mis à genoux sur un carreau, il baisa l'Anneau de son S. E. & luy presenta nn cierge.

La Messe finie, S. E. marcha vers le *Mausolée*, acompagnée de M. les Evéques de Lodeve, de *Montauban*, de *Mende*, & de Carcassone, en Chape & en Mitre. Ou étant, Elle prit sa place au devant du cercueil, & M. les Prelats aux quatre coins. Châcun fit à son tour les Prieres, les Aspersions, & les Encensemens, précedé d'un Bedeau, & suivi de deux Aumôniers.

Aussi-tôt aprés, les Crieurs s'étant tournez vers le peuple, il y en eût un qui cria par trois fois. *Marie Therese d'Austriche, Infante d'Espagne, Reine de France & de Navarre, est morte. Priez Dieu pour son ame.* On avoit esté attendri par le *Motets*, que la Musique

que des Estats avoit chanté sur des tons fort toû-
chans & lugubres, pendant la Messe, & pendant
l'Absolution ; mais ce cri Funebre excita dans les
cœurs des nouveaux sentimens de tendresse, qui
furent suivis des larmes de tous les assistans.

Dans toutes les Eglises de la Ville on dit des Mes-
ses des morts, pour le répos de l'ame de la Reine ; &
on les continüa ensuite, par ordre des Estats, jusques au nombre de douze cens

C'est le service, que la Province de Languedoc a
fait faire pour honnorer la memoire de la Reine ;
Ou tout a esté executé avec tant d'ordre, & de magnificence, qu'on n'y a jamais rien veu, dans des
pareilles occasions, qui en puisse aprocher.

FIN.